أَيْنَ الفُطور؟

بِقَلَم: بول شيبتون

بِريشة: جون ستيوارت

Collins

أَيْنَ الفُطورُ
يا بابا؟

كَعْك.

لا! كَعْك؟ لا!

أَيْنَ الفُطورُ
يا بابا؟

شوكولاتَة.

لا! شوكولاتَة؟ لا!

أَيْنَ الفُطورُ يا بابا؟

تُفّاح.

نَعَمْ! تُفّاح؟ نَعَمْ!

شُكْـرًا يا بابا.

١٢
١١
١
١٠
٢
٩
٣
٨
٤
٧
٦
٥
أَيْنَ الغَداءُ
يا بابا؟

زززز!

أَيْنَ الفُطورُ يا بابا؟

أفكار واقتراحات

الأهداف:

- قراءة جمل اسميّة بسيطة ومتنوّعة عن موضوع واحد.
- متابعة أحداث بسيطة ومتتالية في إطار زمنيّ محدّد بالساعة.
- التعرّف على بعض علامات الترقيم واستخداماتها.

روابط مع الموادّ التعليميّة ذات الصلة:

- مبادئ العلوم.
- مبادئ التغذية السليمة.
- مبادئ الرسم والتلوين.

مفردات شائعة في العربيّة: بابا، لا، نعم، شكرًا، أين

مفردات جديرة بالانتباه: الفطور، الغداء

عدد الكلمات: ٣١

الأدوات: لوح أبيض، ورق، أقلام رسم وتلوين، صمغ

قبل القراءة:

- ماذا ترون على الغلاف؟
- هيّا نقرأ العنوان معًا.
- متى نأكل وجبة الفطور؟ في أيّة غرفة أكلتم أنتم فطوركم اليوم؟ في أيّ ساعة أكلتم الفطور؟

أثناء القراءة:

- أوّلاً، سنقرأ الكتاب معًا ونشير إلى الكلمات.
- في ص ٢، كيف استعدّ الأخوة الثلاثة للأكل؟ (جلوس، شوكة، ملعقة، فوطة)